VERONA

127 FARBTAFELN - 1 STADTPLAN

Anblick an dem Ponte Pietra
vom San Pietro Hügel aus gesehen.

STORTI EDIZIONI

© Copyright 1998 by STORTI EDIZIONI srl - Venezia

San Zeno-Basilika

Castelvecchio

Museum von Castelvecchio.
Reiterstatue des Cangrande Della Scala (Mitte 14. Jh.)

Das Haus Julias

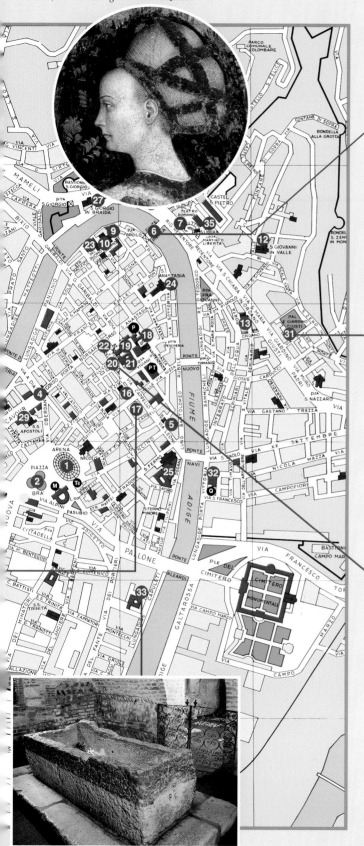

Kirche Santa Anastasia, Sakristei.
Pisanello, der Hl. Georg und die Prinzessin

Ansicht des Römischen Theater von S. Pietro
Hügel aus gesehen

Giusti Garten

Piazza delle Erbe. Der Brunnen

Das Grab Julias

Die Tore der Bra

Archäologisches Museum.
Ein Kopf aus Bronze der Zeit des Augustus

Verona. Verona ist nach dem Zeugnis von Plinius dem Älteren eine rätische und euganeische Stadt. Das älteste Andenken an die Römer in Verona und im Veneto finden wir in dem Abschnitt der Via Postumia, die zu einem Großteil von Spurius Postumius Albinus, dem Konsul im Jahre 148 v. Ch., ausgeführt wurde. Das amtliche Zeugnis der Geburt der Stadt Verona als organisierte Niederlassung im Sinne römischer Urbanistik bildet die Inschrift auf der republikanischen Porta dei Leoni (Jahr 49 v. Chr.), als Verona zusammen mit anderen Städten der transpadanischen Region das römische Bürgerrecht erhielt. Verona muß eine besonders glückliche Zeit unter der Herrschaft des Claudius (41-54 n. Chr.) und des Nero (54-68 n. Chr.) erlebt haben, in der es die Stadttore erneuerte und den

Ehrentitel Colonia Augusta erhielt. Dieser wurde 265 vom Kaiser Gallienus auf Colonia Augusta Verona Nova Gallieniana erneuert. Das 4. Jh. ist für Verona wie auch für den größten Teil des Reiches die Periode der Durchsetzung des Christentums, hier verknüpft mit dem Wirken des "schwarzen" Bischofs S. Zeno, des achten in der Reihe der städtischen Bischöfe, gestorben 372. Nach dem Sturze des Reiches blühte Verona während der Herrschaft des Theoderich (489-526) auf, der es als eine seiner bevorzugten Residenzen wählte, so daß die deutsche Sage aus dem Gotenkönig einen Veroneser (Berner) gemacht hat. 568 fiel Verona unter die Herrschaft der Langobarden und wurde von Albuin als Residenz bestimmt. In Verona wurde Albuin 572 auf eine von seiner Gattin Rosmunde angezet-

Panoramablick vom San Leonardo-Hügel aus gesehen

Archäologisches Museum.
Weibliche Figur aus Marmor

telten Verschwörung hin ermordet. Im Jahre 774 gab es in Verona den letzten Widerstand der von Adelchi angeführten Langobarden gegen die Franken Karls des Großen. Verona wurde nach der von den Franken nach Italien gebrachten Verfassung Sitz einer Grafschaft, nahm aber wegen der häufigen Anwesenheit Pipins, der oft und gerne hier weilte, mitunter geradezu den Charakter einer Hauptstadt des Reiches an. Die sogenannte Karolingische Renaissance besaß in Verona einen hervorragenden Vertreter in der Person des Erzdiakons Pacificus (†846), dessen Grabschrift im Dom ihn als Verfasser von 218 Codizes angibt, welche die Kapitelbibliothek bereicherten.

Zu Beginn des 12. Jh.s wird nach der Grafenherrschaft die Gemeinde als rechtliche Form einge-

führt. Die erste Erwähnung der Konsuln erfolgt in Dokumenten aus dem Jahre 1136. Es ist dies die Zeit der Errichtung des heutigen Basilika von S. Zeno, die gerade in der Lünette über dem Hauptportal die milites der Gemeinde rund um den Hl. Patron zeigt. In den Kämpfen zwischen den Gemeinden und dem Reich stand Verona ursprünglich auf Seite der Liga, schlug sich aber dann unter dem Einfluß von Ezzelino da Romano auf die Seite der Kaiserlichen. Diese Politik führte in der Stadt langsam zur Herausbildung der Signoria, zuerst des Ezzelino und dann der Scaliger. Von 1262, als Mastino zum Capitano del popolo, dem Volkskapitän, gewählt wurde, bis 1387, als Antonio bei Nacht und Nebel aus Verona nach Venedig floh, war die Stadt praktisch ständig der Herrschaft der Scaliger

unterworfen. Im Sitz der Scaliger auf der Piazza dei Signori war Dante zu Gast, erst bei Bartolomeo und dann bei Cangrande Della Scala, dem der Dichter seiner kaiserfreundlichen Haltung wegen begeistert zustimmte. Nach dem Sturze der Scaliger kam Verona von 1387 bis zu dessen Tod im Jahre 1402 unter die Herrschaft des Gian Galeazzo Visconti. Nach einer kurzer Herrschaft der Carrara fiel Verona am 24. Juni 1405 an Venedig. Für die Stadt an der Etsch begann damit eine der längsten Zeiten politischer Ruhe in ihrer Geschichte, die bis 1797 dauerte, als die Republik Venedig dem Druck des napoleonischen Heeres erlag. Die einzige Unterbrechung bildete die kurze kaiserliche Herrschaft, die Verona von 1509 bis 1516 dem Einfluße Venedigs entzog. Während der fast vier Jahrhunderte der Zugehörigkeit der Stadt zur Republik Venedig spielten sich hier die hervorragendsten und ruhmreichsten Episoden der italienischen Kunstgeschichte ab und Verona nahm während dieser langen Zeit in angemessenem Maße am kulturellen Leben Venedigs teil. So gab Verona erste Impulse zur Ausbreitung der Eleganz der Spätgotik (Flamboyantstil) durch die Persönlichkeiten von Stefano und Pisanello. Später ging es auf den toskanischen Appell zur Rückkehr zur Strenge der Klassik durch Vermittlung von Mantegna und Fra' Giocondo ein. Später befreite die Anwesenheit von Sanmicheli Verona von der Wiederholung lombardischer Modelle und vermittelte die ruhmvolle Erfahrung römischer Monumentalität. Das Wirken Sanmichelis hat mit dem Bau der Paläste am Corso Cavour, mit der Öffnung des Corso Porta Nuova und mit der Errichtung der Tore, welche diese beiden wichtigen Verkehrsachsen abschließen, in entscheidender Weise dazu beigetragen, den urbanistischen Aspekt des modernen Verona, wie es sich innerhalb des Veneto Mauern entwickelte, zu bestimmen. In der langen Zeit des Veneto Herrschaft entwickelte die Stadt vor allem die Wollweberei, die aber schon in der zweiten Hälfte des 16. Jh.s verfiel und durch die Seidenweberei abgelöst wurde, die späterhin das wirtschaftliche Leben der Stadt trug. Die tragischen Ereignisse, welche das ruhige Dasein der Stadt am meisten erschütterten, waren die drei furchtbaren Pestepidemien von 1511, 1575 und 1630. Auf den Sturz der Serenissima, der Republik Venedig, und den Zusammenbruch der alten Strukturen durch den napoleonischen Sturm folgte von 1814 an die österreichische Restauration die besonders nach 1833 von einer immer stärker betonten Ausbildung Veronas als Festung gekennzeichnet war. Die Österreicher bauten die Stadtmauer aus und fügten einige modernere und den militärischen Erfordernissen entsprechendere Bauteile hinzu. Überdies zogen sie einen doppelten Ring von Vorwerken und Festungen um die Stadt, von denen einige

San Zeno-Basilika.
Die Statue des Heiligen Zeno

San Zeno-Basilika. Lünette

San Zeno-Basilika.
Die Jagd Theoderichs

Arche. Denkmal von Mastino II

Piazza delle Erbe

(S.8/9) Piazza Bra. Die Arena bei Nacht.

heute ihrer beherrschenden Lage wegen zu den typischen Merkmalen der veronesischen Landschaft geworden sind, so etwa die Festungen S. Sofia, S. Leonardo, S. Mattia und delle Torricelle. Beherrschend wirkt ebenso die große Kaserne auf dem Hügel von S. Pietro. Der Anschluß Venetiens an Italien im Jahre 1866 änderte nichts an dieser Situation und der von Österreich rund um Verona errichtete doppelte Festungswall wurde in Wirksamkeit beibehalten, um der Gefahr einer österreichischen Rückkehr zu begegnen. Die verheerende Überschwemmung der Etsch im Jahre 1882 und die nachfolgenden Instandsetzungsarbeiten der Dämme zwischen 1889 und 1895 veränderten einschneidend den Anblick von Verona: Aus einer Stadt am Fluß wurde es zu einer vom Fluß zweigeteilten Stadt. Verona hörte erst nach dem Siege vom 4. November 1918 auf, Grenzstadt zu sein. Nach Ende des Krieges begann sich die Stadt langsam über den Mauergürtel hinaus in die Flußbiegung bei Borgo Trento zu entwickeln. Was Verona dann erlebt und wie es sich nach 1945 entwickelt hat, gehört zur Zeitgeschichte.

Archäologisches Museum. Gladiatorenszenen

PIAZZA BRA

Das mittelalterliche Forum Boario von Verona wurde später zur Piazza Bra. Der Name kommt in Veronesischen auch in der Form Braida vor (z.B. S. Giorgio in Braida) und geht auf das deutsche Wort "breit" zurück. Der Platz erstreckt sich zwischen der Arena, den Palästen am Liston, dem Gebäude der Gran Guardia, der Großen Wache, aus dem 17. Jh. und dem klassizistischen Rathaus. Sanmicheli und seine Schule haben bei der Gestaltung dieses Platzes entscheidend mitgewirkt. Sanmicheli erbaute den Palazzo degli Honorij, der später Guastaverza hieß, den heutigen Palazzo Malfatti, im Jahre 1555. Typisch sind die mächtigen Arkaden im Erdgeschoß, bei denen wohl die Arkaden des nahen Amphitheaters Pate gestanden haben. Die Schule Sanmichelis, vor allem Domenico Curtoni, ließ sich von dieser Bauart ebenfalls beeinflußen, von ihm stammt der Palazzo della Gran Guardia auf der Südseite des Platzes. Der Palast wurde zwischen 1609 und 1614 errichtet, aber erst 1821 vollendete man auch die bis dahin fehlende Hälfe des zweiten Stockwerkes.

DAS AMPHITHEATER

Das Monument erhebt sich rund um die elliptische Arena, den Innenraum, dessen Achsen 74 m bez. 44 m messen. Die gesamtdurchmesser des Bauwerkes ergeben eine Länge von 152 m bez. 122 m. Das Amphitheater von Verona besteht aus vier konzentrischen Mauerkreisen.

Die äußerste Mauer ist nur noch teilweise erhalten, nämlich vier Arkaden. Das heutige Aussehen der Arena: sie besteht aus Ringmauern, die nach außen mit einem Steinpfeiler abgeschlossen sind, während sie nach innen mit der Konstruktion, die die elliptische Arena begleitet, verbunden sind. Schließlich gibt es noch einen Umgang aus Stein vor dem letzten Ring. Das Amphitheater von Verona mußte bereits im Jahre 30 n. Chr. fertiggestellt gewesen sein.

Ein römisches Mosaik aus einem Haus in der Via Diaz, heute im Archäologischen Museum

Die Arena. Der Opernsaison

ausgestellt, zeigt drei Gladiatorenszenen in der Arena. Ein weiteres beliebtes Spiel waren die Venationes, die Jagden auf wilde Tiere. Die bronzene Hand eines Boxers mit dem Boxer- handschuh, die im Amphitheater gefunden wur- de, weist auf ein weiteres beliebtes Spektakel hin. Das aufkommende Christentum verdrängte allmählich die Schauspiele des Amphitheaters. Schon im Jahre 325 verbot der Kaiser Konstan- tin die Gladiatorenkämpfe, die allerdings noch bis zum endgültigen Verbot unter Kaiser Hono- rius zu Beginn des 5 Jh.s weitergeführt wurden. Im Mittelalter diente die Arena der Rechtspre- chung. Im 16. und 17. Jh. organisierte man hier Turniere und Ringelspiele. Im 18. Jh. sah die Arena Komödien und Stierjagden. Im Verlauf des 19. Jh.s kamen weitere Schauspiele dazu, unter anderem auch, von 1856 an, Opernauf- führungen, die schließlich das typische Schau- spiel unseres Jahrhunderts wurden.

N. Costantini. Statue der Julia (Bronze)

Haus des Romeo

ROMEO UND JULIA

Das Haus Romeos. Die Eingrenzungsmauer dieses Hauses, das als das Haus Romeos, also der Montecchi bezeichnet wird, blickt auf die Via Arche Scaligere. Die Geschichte berichtet, daß die Familie der Montecchi, oder der Monticoli, die Partei der Welfen anführte und in Verona großes Ansehen genoß, bis sie im Jahre 1324 wegen der Feindseligkeit der Scaliger die Stadt verlassen mußte.

Das Haus Julias. Die Novelle des Vicentiners Luigi Da Porto, die in Venedig um 1531 veröffentlicht wurde, erzählt von zwei Liebenden, von Romeo Montecchi und Julia Capuleti. Das weltberühmte Drama hat der Geschichte eine Authentizität verliehen, die dennoch kein geschichtliches Dokument belegen kann. Tatsache ist die Feindschaft zwischen den beiden Familien, die auch Dante erwähnt, der die Veroneser Geschichte während seines Exils bei Bartolomeo Della Scala als Augenzeuge verfolgte. Julia soll die Tochter eines Antonio

Julia:
"Unendlich tief wie das Meer
ist mein Reichtum. Und meine
Liebe ebenso tief, je mehr ich
dir davon gebe, desto mehr
besitze ich"
Shakespeare.
Romeo und Julia, II/II.

Haus der Julia

Capuleti gewesen sein. Die Dichtung kehrt sich nicht an solche Problemen und so können wir hier den berühmten Balkon betrachten, unter dem Romeo stand und seine Julia belauschte. Im Hof finden wir eine Bronzestatue Julias vom Veroneser Bildhauer Nereo Costantini. Das Innere des Hauses bietet einen Eindruck von einem Wohnhaus im 14. Jh. Es ist sicher nicht authentisch, aber sehr getreu wiederhergestellt und enthält übrigens auch eine wertvolle Sammlung mittelalterlicher Keramik.

Kreuzgang von San Francesco al Corso. Kirche San Francesco al Corso, Grabstätte der Julia

Romeo:
Hättest du meine Jugend
und Julia deine Liebe,
eine Stunde noch vor der
Hochzeit würdest du dir
die Haare raufen.

Shakespeare,
Romeo und Julia, V/III.

(S.18/19) Luftanblick von Verona mit Castelvecchio und Arena eingeschlossen

Das Grab Julias. Die Überlieferung sieht in der Kirche von S. Francesco al Corso die Grabstätte Julias. 1938 brachte man hier im dämmerigen Halbdunkel der Krypta den Sarkophag aus Veroneser Marmor unter, der seit jeher diejenigen angezogen hat, die die Geschichte mit der Poesie verknüpfen wollten. In jügerer Zeit verwendete man die Kirche als Auditorium und eröffnete darin ein neues Museum, das nach G.B. Cavalcaselle benannt ist und vor allem Fresken ausstellt. Das Museum, das 1970 eröffnet wurde, beherbergt auch die römischen Amphoren, die bei Grabungen ans Licht kamen; sonst ist es vor allem den Fresken gewidmet, die schon früher abgelöst worden waren, und die noch nirgends untergebracht werden konnten. So die Fresken der zweiten Schicht aus der Grotte von S. Nazaro und Celso aus dem späten 12. Jh., die Fresken einer Giottoschule aus dem Kirchlein von Corte Lepia bei Vago (Verona), ein Fresko von Francesco Torbido aus dem Haus von Antonello Saraina in der Via Stella, das einen Ritter in klassischer Rüstung darstellt. Das große Fries von der Fassade des Hauses von Fiorio Della Seta beim Ponte Navi, das bei den Arbeiten am Etschdamm (1890-95) zerstört wurde, stammt von Domenico Brusasorzi und Bernardino India. Besondere Aufmerksamkeit verdient die Rekonstruktion eines Musikzimmers. Es wurde naturgetreu mit Türen und Fenstern und einem großen Kamin nachgebaut. Die Fresken stammen aus dem Musikzimmer des Hauses Guarienti und sind ein Werk von Paolo Farinati aus dem Jahre 1560.

REITERSTATUE VON CANGRANDE

Vor der ersten Stadtmauer aus dem frühen 12. Jh. steht die Reiterstatue von Cangrande auf jenem Platz, der ihr im Jahre 1964 bei der Umstrukturierung des ganzen Baukomplexes gegeben worden ist. Cangrande, die herausragendste Persönlichkeit der Scaliger, war von 1311 bis 1329 Herr über Verona und war innerhalb Italiens ein tapferer Verfechter des Kaisertums. Im Jahre 1324 erweiterte er die Stadtmauer, sodaß die Stadt bis zu Beginn unseres Jahrhunderts innerhalb des Walles Raum für ihre Entwicklung fand. So hatte der eigentliche Stadtkern rundherum viel Raum mit dünner Besiedlung zur Verfügung, in dem hinter dem sicheren Schutz der Mauer militärische Übungen abgehalten werden konnten und auf dem vor allem Felder zur Versorgung angelegt werden konnten. Die Erweiterung erlaubte dann auch die Errichtung des Castelvecchio am Schnittpunkt der beiden Mauern.

Museum Castelvecchio. Reiterstatue des Cangrande Della Scala (Mitte 14 Jh.)

Castelvecchio. Die Fassade

Castelvecchio. Die Eingangshof

Castelvecchio. Zinnen aus der Stauferzeit (Ausschnitt)
Blick auf die Brücke des Castelvecchio.

CASTELVECCHIO

Deben dem Palast auf der Piazza dei Signori ist Castelvecchio der zweite und letzte Sitz der Scaliger. Es wurde von Cangrande II. und Cansignorio zwischen 1354 und 1375 erbaut, Der Baukörper erhob sich an einem Platz, der schon von vorneherein als Grenzplatz gekennzeichnet war: vom Bogen der Gavi zur Römerzeit und später von der Stadtmauer, die hier mit der Etsch zusammentraf. Dieselbe Mauer gab dem Ganzen gleichzeitig zwei Gesichter. Nach innen, im Teil zur Stadt hin, befand sich hier die Wache mit der Erfüllung rein militärischer Funktionen. Nach außen hin jedoch entstand der Eindruck eines Herrschaftssitzes, einer 'Reggia', eines Königsschlosses, wie dieser auch heute noch genannt wird. Die Umbauarbeiten, die das Schloß für seine neue Aufgabe als Museum tauglich machen sollten, dauerten von 1923 bis 1926 und berücksichtigten vor allem die historisch getreue Wiederherstellung der 'Residenz'; zuerst wurde die Residenz umgebaut. Die Restaurierung der übrigen Bauteile, 1964 abgeschlossen, verlangte ein gerüttelt Maß architektonischen Könnens. Planung und Durchführung des Umbaus, der Castelvecchio einen Ehrenplatz in der italienischen Museumsgeschichte eingebracht hat, lag in den Händen von Carlo Scarpa. Neben dem Schloß wollte Cangrande II. auch eine Brücke über die Etsch spannen lassen, um sich den Fluchtweg nach Bayern offenzuhalten. Von Bayern erhoffte sich Cangrande II in Falle der Not Hilfe, da er seine Tochter Elisabeth mit Ludwig dem Bayern vermählt hatte, dem Kurfürsten von Brandenburg. Die Brücke ruht vom rechten gegen das linke Ufer hin leicht geneigt auf drei Bögen, dessen größter eine Spannweite von 48,70 m aufweist, die beiden anderen messen 29,15 und 24,11m. Sie trotzte all den verheerenden Hochwassern der Etsch, fiel aber am 25. April 1945 einer Sprengung zum Opfer. In den Jahren 1950-51 wurde sie unter der Leitung von Prof. P. Gazzola wiederaufgebaut.

Der Hl. Bartholomäus (Hälfte des 14. Jh.s)

Peregrinus. Christus zwischen den Heiligen Petrus und Paulus 12. Jh.s (Ausschnitt.)

CASTELVECCHIO MUSEUM

Trezza Saal. Im ersten Saal des Museums sind einige bemerkenswerte Beispiele der romanischen Plastik ausgestellt, so die Arkade des Magister Peregrinus, die beiden Karyatiden, die sich den Rücken zuwenden, eine männliche Figur mit einem Mantel, die dem Bildhauer von San Zeno, Brioloto de Balneo, zugeschrieben wird, und schließlich der Schrein der beiden Heiligen Sergius und Bacchus, der vom Kloster S. Silvestro von Nogara stammt. Eine ausführliche Inschrift gibt das Jahr 1179 an, damit wäre dieses Kunstwerk etwa 40 Jahre jünger als die Vorhalle von San Zeno, mit der es in Verbindung gebracht worden war, vor allen wegen des gleichen Motivs des Meisters der Monate.In einem eigens dafür entworfenen Raum sind einige Kunstwerke aus der Völkerwanderungszeit ausgestellt, so eine kleine Marmorurne aus S. Giovanni in Valle (6. Jh.), der bronzene Behälter eines langobardischen Grabes aus Via Monte Suello und die Goldschmiedearbeiten aus der gleichen Gegend zusammen mit jenen von Isola Riazza, sowie auch die Schmuckstücke aus einem langobardischen Grab aus dem Palazzo Miniscalchi. Die beiden Tuffstatuen der Heiligen Bartholomäus und Cäcilia stammen aus der Mitte des 4. Jh.s, Die meisten großen Statuen in Tuffgestein scheinen auf den Meister von Sant'Anastasia zurückzugehen. Einer anderen Kunstrichtung gehört hingegen eine

Langobardische Goldschmiedekunst

*Peregrinus. Christus zwischen den Heiligen Petrus und Paulus
12. Jh.s (Ausschnitt)*

*Peregrinus. Grabmal der Hl. Sergius und Bacchus.
Anfang des 12 Jh.s (Ausschnitt)*

Gotischer Ziernagel

Langobardische Goldschmiedekunst

kleine Statue der Hl. Libera (?) an, die von der Arkade der Kirche der beiden Heiligen Sirus und Libera beim Römischen Theater stammt.

Saal IV. Im vierten Saal begegnen wir wieder dem Meister von S. Anastasia. Die Mariengruppe gehört zu einem Kreuz mit fünf Figuren, das sich ursprünglich in der Kirche von S. Fermo befand, von wo es dann nach Cellore d'Illasi (Verona) gebracht wurde, als der tiefe Ausdruck des Schmerzes nach damaligem Brauche nicht mehr der religiösen Würde der Kirche entsprach. So konnte man auch mit der dramatischen Grausamkeit der Kreuzigung des Meisters nichts mehr anfangen. Der Architrav der Kirche von Sant'Anastasia gibt genau dieselbe Kreuzigungsgruppe wieder wie dieses Relief hier. Sein Meisterwerk ist hier die Gruppe mit dem gekreuzigten Christus, Maria und Johannes aus der Kirche von San Giacomo di Tomba (Verona). Sie wurde im Jahre 1964 ins Museum gebracht.

Saal X, Bernasconi. Der große Saal im ersten Stockwerk der 'Reggia', gegen die Etsch hin, ist nach dem verdienten Kritiker und Kunsthistoriker Cesare Bernasconi benannt. Bemerkenswert sind eine große Tuffstatue des Täufers von S. Fermo (Mitte des 14. Jh.s) und zwei große Holzkreuze.

Museum Castelvecchio. Schlacht *Museum Castelvecchio. Stefano da Verona, die Madonna im Rosenhag.*

Saal XII, Monga. In der Monga Saal dem XII., treffen wir auf das Werk der Hl. Hieronymus in der Wüste von Jacopo Bellini, einem wertvollen Zeugnis vom Schaffen des großen Venezianers, das aus der Galleria Pompei stammt. Jacopo Bellini hielt sich in Verona um das Jahr 1436 herum auf. Die kleine sogenannte Madonna mit der Wachtel wird mit einigen Vorbehalten Pisanello zugeschrieben. Das Werk von Stefano da Verona, die Madonna im Rosenhag, stammt aus dem Veroneser Kloster von S. Domenico. Das Werk zeigt das Thema der demütigen Muttergottes, und zwar in einem spätgotisch-kunstvollen Rahmen. Es stammt aus der höchsten Reifezeit des Künstlers: ca 1430. Andrea Mantegna (1431-1506) wurde ungefähr zur Zeit geboren, als Stefano seine Madonna im Rosenhag schuf. Mantegna fand mit seinem Plan der Erneuerung des klassischen Altertums sicher auch die Zustimmung seines Schwiegervates Jacopo Bellini. Die Bande zu Verona wurden enger, als Mantegna mit der Ausführung des Altarbildes von S. Zeno beauftragt wurde. Carlo Crivelli, ein Venezianer, der in seiner Reifezeit in die Marken übersiedelte und dort arbeitete, ist mit der Madonna der Passion vertreten. Etwas weniger phantasievoll, aber gut durchkonstruiert präsentiert sich die Madonna mit dem Kind des Antonello da Saliba, die wahrscheinlich auf ein verlorengegangenes Bild des großen Antonello da Messina, des Onkels des ersteren, zurückgeht.

Saal XVII, Saverio Dalla Rosa. Der XVII Saal ist nach Saverio Dalla Rosa (1745-1821) benannt, einem Maler und Gründer der städtischen Pinakothek. Hier sind einige Werke von Liberale Da Verona ausgestellt (ca 1445-1527/28), dem Maler, der die Neuerung Mantegnas mit Zurückhaltung beobachtete und, obwohl er verschiedene Richtungen erprobte, letztlich der gotischen Tradition treu blieb. Die Front eines Brautschreins mit dem Triumpf der Keuschheit und der Liebe bietet ein bemerkenswertes Zeugnis des blühenden Kunsthandwerks jener Zeit.

In den folgenden Sälen finden wir das Werk von Francesco Bonsignori (1460 ca-1519). Während seiner veronesischen Schaffenszeit bevorzugte er religiöse Themen, so die Madonna, die das schlafende Kind anbetet, Daneben die Madonna Dal Bovo, aus dem Jahre 1484.

Saal XXIII, Cavazzola. Der XXIII. Saal wird vom Polyptychon des Paolo Morando il Cavazzola beherrscht. Neben dem Cavazzola finden wir hier auch Werke von G. Francesco Caroto (1480 ca.-1555). Neben dem Bildnis eines jungen Mönchs verdienen auch die Werke Knabe mit Zeichnung, und die Pietà der Tränen mit dem toten Christus in den Armen seiner Mutter mit dem Hl. Johannes, Beachtung. Vom großen Veroneser Meister Girolamo Dai Libri (1474-1555) bietet das Museum von Castelvecchio eine reiche Auswahl. Hier haben wir die Krippe mit den Kaninchen aus den ersten Jahren des 16. Jh.s, die Madonna mit dem Regenschirm (1530) und die Madonna des Eichenbaums.

Paolo Caliari, der Veronese. Der größte Meister, den die Stadt der Scaliger hervorgebracht hat, Paolo Caliari, genannt Veronese, ist hier im Museum mit einem Jugendwerk, der Pala Bevilacqua aus der Kirche von S. Fermo, und mit einem Werk aus der Reifezeit, der Grablegung aus der Kirche von S. Maria della Vittoria vertreten. Das erste Werk schuf Veronese kaum zwanzigjährig, der Schule seines Meisters Antonio Badile gerade erst entwachsen. Das zweite hingegen ist ein unverwechselbarer Veronese, der seine Kunst in Venedig ausreifen ließ, wohin er sich im Jahre 1557 begab. Paolo Farinati (1524-1606) war ein Zeitgenosse Veroneses und bei einem Wettbewerb für vier Gemälde für den Dom zu Man-

Museum von Castelvecchio. Hans de Jode. Ansicht mit einem Seehafen

Museum von Castelvecchio.
Marten Van Cleef, Fest in der Küche

tua auch ein ebenbürtiger Gegner. Er war ungeheuer schaffensfreudig und hinterließ uns ein kostbares 'Tagebuch' seiner Tätigkeit.Vom ihm ist das 'Gemälde Jesus wird dem Volke vorgeführt' ausgestellt, ein Werk aus dem Jahre 1562, in dem man den Manierismus der emilianischen Malerei und den Einfluß Michelangelos spürt. Ein anderer großer Meister der Malerei des Veneto ist Jacopo Tintoretto (1518-1594). Er ist im Museum gut vertreten, vor allem das Konzert, einstmals Dekkel eines Spinetts, und Vier biblische Geschichten, die zu einem Möbelstück gehörten, aus der vollen Blütezeit die stillende Madonna und die Anbetung der Hirten.

Ein Werk ungewisser Urheberschaft, das lange Veronese zugeschrieben worden ist, ist das große Gemälde mit dem Porträt des Pase Guarienti als 'cataphractorum equitum gubernator', also als Befehlshaber der schweren Reiterei. Der erste von Caravaggio beeinflußte Veroneser Maler scheint Pietro Bernardi gewesen zu sein (gest. 1623). Im Museum befindet sich die Hl. Familie mit den Heiligen Anna und Joachim mit einigen wenigen Figuren vor dem dunklen Hintergrund einer Tischlerwerkstatt. Der bedeutendste Caravaggioanhänger unter den Veroneser Meistern aber war Marcantonio Bassetti (1586-1630), von dem das Museum eine ganze Reihe von Werken besitzt. Bemerkenswert eine Kopie von Caravaggios Ungläubigem Thomas, sowie einige gut gelungene Porträts: Alte Nonne, Der Alte mit dem Handschuh, Lesender Alter. Zwei

Museum von Castelvecchio.
Carlo Crivelli, die Madonna der Passion (Ausschnitt)

Museum von Castelvecchio.
Gerolamo Dai Libri, Szene von Christi Geburt mit den Hl.
Hieronymus und Johannes dem Täufer (Ausschnitt)

Museum von Castelvecchio.
Pietro Bernardi, Die Hl. Familie (Ausschnitt)

Museum von Castelvecchio.
Paolo Morando gen il Cavazzola. Christus wird vom
Kreuz genommen (Ausschnitt)

weitere Künstler müssen neben Bassetti im frühen 17. Jh.s erwähnt werden: Pasquale Ottino und Alessandro Turchi, beide Schüler von Felice Brusasorzi wie auch Bassetti. Bassetti und Ottino fielen beide der Pest im Jahre 1630 zum Opfer. Bemerkenswert ist die Kreuzabnahme von Ottino mit dem Porträt des Auftraggebers, des Grafen Agostino Giusti. Wie alle seine Zeitgenossen, arbeitete auch Ottino mit der Technik der 'Steinzeichnung' die einen dunklen Grundton ergab und somit ausgezeichnet für eine Richtung geeignet war, in der die dunklen Schattierungen bevorzugt wurden. Von Ottino ist auch der Entwurf zu einer Versuchung des versuchten keuschen Joseph ausgestellt. Alessandro Turchi verlor in Rom zwar nie die Verbindung zu seiner Heimatstadt, aber er geriet doch bald unter den Einfluß der Bologneser Schule, die eine Art Klassik vertrat. Von ihm stammt die Geiselung Christi.

Die traditionelle Kunstgeschichtsschreibung sieht mit dem Pestjahr 1630 den Beginn eines künstlerisch bedeutungslosen Zeitraums für Verona, der erst zu Beginn des nächsten Jahrhunderts durch die Gestalt von Antonio Bale- stra (1666-1740) beendet wurde. Er bildete in Venedig und Rom seine Kunst zwischen Klassik und Rokoko heraus und hinterließ uns ein umfangreiches Werk. Bemerkenswert sein Selbstbildnis. Der letzte Saal des Museums, Antonio Avena gewidmet und für

Museum von Castelvecchio.
Gerolamo Dai Libri, Madonna mit dem Kind und die Hl. Peter und Andreas

die Malerei des 18. Jh.s bestimmt, stellt aber auch andere Meister aus, die im Kunstschaffen jener Zeit eine weit größere Rolle gespielt haben, so z.B. G.B. Tiepolo, dem der Entwurf für die Decke von Ca' Rezzonico zugeschrieben wird (1758).

Mit einem kleinen Bild von Pietro Longhi, Venezianische Familie, sehen wir ein typisches Beispiel für das Werk dieses Meisters, der mit feiner Ironie, aber ohne scharfes Urteil, die Dekadenz einer Welt darstellte, die sich nur mehr um erstarrte Gesellschaftsriten drehte.

Zwei kleine Bilder von Francesco Guardi, Marina mit Ruinen und Phantasielandschaft, bieten uns einen Einblick in die Darstellung der venezianischen Landschaft dieses Künstlers. Gänzlich anderer Art sind die Werke von Luca Giordano, der hier mit drei Bildern vertreten ist: Allegorie des Sommers, Diana und Endimio, Bacchus und Ariadne. Der große Neapolitaner, Meister einer unglaublichen Kunst barocker Malerei, weist mit seiner Verbindung von sinnesfrohen Farben und venezianischer Malkunst bereits auf die Meister des

Bartolomeo Schedoni hielt. Die Restaurierung, bei der auch die venezianische Herkunft des Werkes sichergestellt werden konnte, gilt heute als ein Werk (siehe Marinelli) des Venezianers Federico Bencovich (1667-1753), einen Zeitgenossen und Freund des Piazzetta und zusammen mit diesem Lehrer des Tiepolo. Einen hervorragenden Platz in der veronesischen Malerei des 18. Jh.s nimmt Giambettino Cignaroli ein (1706-1770), der auch außerhalb seiner Heimatstadt weitum berühmt war. Er erhielt von der Venezianischen Republik die offizielle Anerkennung der Akademie von Verona,

18. Jh.s hin, vor allem in den beiden Werken mit mythologischem Thema ist das spürbar. Bei einer Restaurierung in jüngster Zeit tauchte ein weiteres Werk auf, die Anbetung der Hirten, das sich früher in der Galleria Bernasconi befand, wo man es für ein Werk des die bis heute besteht und billigerweise nach ihm benannt ist.

Von Giambettino Cignaroli ist hier eine Verklärung Christi ausgestellt, ein Werk, das mit seiner dramatischen Bewegtheit den Einfluß Piazzettas nicht verleugnen kann.

Basilika von San Zeno, Bronzeportal. Platten mit Episoden aus dem Leben Christi

Basilika von San Zeno. Fassade

(S. 37) Basilika von San Zeno. Innenraum

BASILIKA VON SAN ZENO

Verona besitzt keine Baudenkmäler aus der unruhigen Zeit der Völkerwanderung, der Barbarenzeit, wenn auch einige Indizien wie in San Stefano, im Dom, in Santa Maria Antica oder in San Lorenzo erkennen lassen, daß auch diese Zeit ihr Kunstschaffen hatte. Aber erst mit dem Aufblühen der Kommune begann wieder eine Bautätigkeit, die den Vergleich mit dem römischen Verona halten kann. Schon der Erzdiakon Pacificus hatte die Kirche von San Zeno, die von den Ungläubigen vor dem Jahre 806 angezündet worden war, wieder herrichten lassen. Am 21. Mai 807 setzten die beiden Eremiten Benigno und Caro die eigens von ihrer Einsiedelei am Monte Baldo oberhalb von Malcesine herbeigerufen worden, in der wie-

derinstandgesetzten Kirche auf Wunsch von König Pipin und des Bischofs Rotaldo feierlich die Gebeine des Hl. Bischofs, des Schutzpatrons von Verona bei. Im Jahre 900 wurde die Kirche und die Umgebung von Verona bei einem Ungarneinfall zerstört. Erst zu Beginn des 11. Jh.s, als die verheerenden Einfälle der Ungarn langsam verebbten und die Bevölkerung sich in der Kommune, dem Stadtstaat, eine wehrhafte und stabile Gesellschaftsstruktur schuf, nahm die heutige Basilika von San Zeno zusammen mit einem großen Benediktinerkloster Formen an.

Die Kirche liegt etwas abseits der antiken Stadt, und zwar im Gebiet der großen Nekropolis des antiken Verona, die sich längs der Via

35

Gallica hinzog, der Straße, die Verona mit Brescia verband. Der neue Bau, der sicherlich beim schweren Erdbeben von 1117 empfindliche Schäden davontrug, wurde im Jahre 1138 fertiggestellt. Der hohe Glockenturm (72 m) wurde im Jahre 1045 begonnen und 1178 vollendet. Links der Fassade erhebt sich der Turm der Abtei, der im Inneren auf einem Fresko das Thema des Glücksrades beschreibt.

Die Fassade von San Zeno bietet einen beispielhaften Überblick über die romanische Plastik der Poebene. In der halbkreisförmigen Einfassung der Lünette lesen wir den Namen des Bildhauers Nicolò, der sich auch im Dom von Ferrara verewigt hat. Schon Simeoni hob hervor, auf welche Art die Darstellungen der Lünette die Gründung der Kommune von Verona veranschaulichte. In der Mitte der heilige Zeno, der das Stadtsiegel trägt und den Teufel niederhält, darunter einige Darstellungen der Wunder des Heiligen. Die beiden Architrave zu Seiten des Gewölbes sind hingegen mit den Symbolen der Monate, zu je drei zusammengefaßt, geschmückt. Sie nehmen ein in der romanischen Kirchen weitverbreitetes Thema auf. So ist die menschliche Arbeit nicht mehr biblischer Fluch sondern Mittel zur Erhöhung des Menschen. An den Seiten der Vorhalle befinden sich Marmorreliefs, von denen das linke Szenen aus dem Alten Testament und das rechte Szenen aus dem Leben Jesu darstellt. Das erstere stammt von Nicolò selbst, das zweite ist das Werk des Bildhauers Guglielmo. Die tieferliegenden Reliefs, die das Portal umrahmen, zeigen weltliche Themen: die Jagd Theoderichs rechts und zwei Szenen eines Duells links. Das bronzene Tor besteht aus nicht weniger als achtundvierzig Platten, von denen aber lediglich zwei ein nichtreligiöses Thema aufnehmen. Der linke Flügel stammt zum größten Teil von einem ersten Meister, der rechte von einem zweiten aus späterer Zeit. Man sieht, es handelt sich nicht um ein Werk aus einem Guß, sondern besteht aus mindestens zwei Abschnitten.

Das Relief mit dem Sündenfall auf der einen Seite und das mit dem Judaskuß auf der anderen zieht einen interessanten Vergleich zwischen den beiden Bildhauern Nicolò und Guglielmo. Einfach und kraftvoll das erstere, das vor allem die große Gestalt bevorzugt, den König der figurativen Kunst; es steht also dem Werk Wiligelmos nahe, des größten Meisters der romanischen Plastik der Poebene, der sich vor allem im Dom von Modena verewigt hat. Das Relief Guglielmos ist hingegen weicher, verspielter als das erstere, die Vorherrschaft der Gestalt ist nicht unbedingt, im Gegenteil, die Szenen lösen sich in kunstvoll zergliederte Gemälde auf. Das Innere von San Zeno wird von dem geräumigen Mittelschiff mit seiner Spitzgewölbedecke beherrscht. Am Ende des dritten Jochs teilt sich die Kirche durch die Krypta in die Kirche der Hochgestellten und in jene des niederen Volkes. In der geräumigen Krypta einer wahren unterirdischen Kirche, wird die Urne mit den Reliquien des Heiligen aufbewahrt die im Jahre 1838 bei Aufräumungsarbeiten zum Vorschein kam. Rechts die Urne der drei Heiligen (Lucillus, Lupicinus und Crescentianus), ein wahres Meisterstück der Plastik aus dem frühen 12 Jh.s. Wenn wir von der Krypta zur Höheren Kirche zurückkehren, sehen wir am Übergang die Figuren von Christus und den Aposteln, ein Werk deutscher Meister aus dem frühem 13. Jh. Der Hochaltar wird von der großen dreiteiligen Altartafel von Mantegna beherrscht. Es wurde zwischen 1457 und 1459 geschaffen und ist das erste wertvolle Werk der beginnenden veronesischen Renaissance. In der kleinen Apsis links steht die Marmorstatue des gutmütigen lachenden Hl. Zenon, wahrscheilich aus dem frühen 14. Jh. Neben der Tür zur Sakristei befindet sich die Statue des Hl. Prokulus, ein Werk des Meisters Giovanni di Rigino (14. Jh.). Wir kehren zurück in die Kirche des niederen Volkes, kommen am Altar der Schmerzhaften Muttergottes vorbei und gelangen zur Tür.

Kirche Santa Maria Antica. Innenraum

Scaligergrabmäler. Standbild des Cansignorio

Arche. S. Maria Antica. Neben der kleinen Kirche von S. Maria Antica, mitten unter den Palästen der Scaliger, heute Sitz des Tribunals und der Präfektur, liegt der kleine Platz der Arche, wie die Veroneser der Friedhof der Scaliger nennen. Über dem Seitentor des Kirchleins erhebt sich der Sockel des Sarkophags Cangrandes. Die Krönung in Form einer Kugel dient der Reiterstatue, einer Kopie der heute im Museum von Castelvecchio befindlichen Statue, als Sockel. Im lächelnden Gesicht des Reiters, in der gemeinsamen Wendung des Reiters und des Pferdes liegt Vitalität und Energie, aber auch wohlwollende Aufmerksamkeit. Auf dem Sockel hingegen wird Cangrande auf dem Totenbett dargestellt, immer aber mit dem typischen Lächeln, das an den Lächelnden Hl. Zeno erinnert. Das Grabmal Cangrandes befindet sich außerhalb des kleinen Friedhofs, der mit einem Zaun aus weißem

Veroneser Stein eingefaßt ist, mit einem schönen Tor aus Schmiedeeisen als Eingang. Das älteste Grab ist der Sarkophag des Mastino I., auf das Jahr 1277 datiert, ohne jeglichen Schmuck. Der Sarkophag von Alberto I. (nach einigen die provisorische Grabstätte Cangrandes) hingegen ist reich bearbeitet: auf der einen Seite ist der Herrscher kniend zwischen Engeln vor der thronenden Muttergottes dargestellt, auf der anderen als Reiter zwischen den Heiligen Magdalena und Jakob. Kunstvoll ausgearbeitet ist das Grabmal des Mastino II., das er sich noch zu Lebzeiten zwischen 1340 und 1350 anfertigen ließ. Das Grabmal hat eine quadratische Einfassung mit vier Pfeilern an den Ecken, die je eine Statue tragen. Von den vier Statuen sind zwei antik, sie befinden sich heute im Museum von Castelvecchio zwecks Restaurierung. Auf einer Längsseite finden wir eine Darstellung von

Mastino, der vom Hl. Georg Gottvater vorgeführt wird, auf einer kurzen Seite eine Kreuzigung. Die vier Tympana des Aufbaues enthalten vier Szenen der Schöpfungsgeschichte: den Sündenfall, die Arbeit der Ureltern, Kain und Abel, den trunkenen Noah.

Auf der Kugel an der Spitze erblickt man die Reiterstatue von Mastino II. in voller Rüstung. Das prachtvollste Grabmal ist das von Cansignorio. Auch er sorgte schon zu Lebzeiten für sein Mausoleum, das aber bei seinem Tode noch nicht fertiggestellt schien, denn er wurde vorläufig in der Kirche von S. Maria Antica beigesetzt. Das sechseckige Grabmal wurde von Bonino da Campione entworfen. Die Einzäunung trägt auf jedem Eckpfeiler einen heiligen Krieger. Auf gleiche Höhe mit den Kriegern steht der Sarkophag, der rundherum mit Szenen aus dem Leben Jesu und mit einer Darstellung, wie Cansignorio der Jungfrau vorgeführt wird geschmückt ist. Auf dem Deckel eine Darstellung Cansignorios, bewacht von vier Engeln. Etwas höher wiederholt sich das Motiv der Eckstatuen, diesmal sind es Engel mit dem Familienwappen der Scaliger. Die sechseckige Pyramide läuft dann in einer Art sechseckiger Trommel aus, auf der zu zweit je die Apostel dargestellt sind. Darüber erhebt sich die Reiterstatue Cansignorios, ernst und steif im Gegensatz zur heiteren Gelöstheit der Statue Cangrandes. Die Statue, ein Werk eines veronesischen Bildhauers, übertrifft an künstlerischem Wert übrigens den Rest des Grabmals.

Gavi-Bogen

Borsari-Pforte

Der Arco dei Gavi. Der Bogen ist ein römisches Bauwerk, das sich bis zum Jahre 1805 neben dem Uhrturm des Castelvecchio befand. Die Franzosen zerstörten das Monument, um breiteren Raum zu gewinnen, es wurde erst 1932 wieder auf dem kleinen Platz aufgebaut, wo es heute steht. Der Bogen stand am Rand der geplanten Erweiterung der antiken Stadt, neben dem alten Flußbett der Etsch. Die Gavi, eine der ersten Familien im römischen Verona, erhielten vom Stadtrat (ordo decurionum) die Ehre zuerteilt, einen Bogen auf öffentlichem Boden zu errichten. Sicherlich haben sie den Bogen in der Freude über die erwiesene Ehre dann auf eigene Kosten errichten lassen. Das muß um die Mitte des 1. nachchristlichen Jahrhunderts geschehen sein. Der Bogen trägt, eine seltene Kostbarkeit, eine Inschrift mit dem Namen des Baumeisters: L(ucius) Vitruvius L(uci) L(ibertus) Cerdo. Man vermutet, daß er ein Freigelassener des berühmten Vitruvius gewesen ist, des Theoretikers der augusteischen Baukunst. Der Bogen weist, im Unterschied zu den anderen römischen Stradttoren, nur eine Wölbung auf, aber auch die kurzen Seiten des Bogens sind geöffnet, sodaß sich die Straße unter ihm kreuzen konnte. Der Innenraum weist eine horizontale Kassettendecke auf. Die beiden Längsseiten des Bogens sind mit einer Nische in jedem Pfeiler versehen, sodaß man mit Recht vermuten kann, daß der Bogen früher mit vier Statuen der Familie der Gavi geschmückt war. Von zwei so geehrten Mitgliedern der Familie haben wir auch die Namen in den entsprechenden Nischen.

Porta Borsari. Das besterhaltenste römische Tor von Verona trägt einen mittelalterlichen Namen: Porta Borsari leitet sich von den Zöllnern (Bursarii) ab, die hier einen Umschlagszoll erhoben. Die Fassade gegen das Land hin ist vollständig erhalten geblieben. Schon die alten Historiker Veronas erkannten daß die heutige Inschrift, die an den Wiederaufbau der Stadtmauer durch Gallienus im Jahre 265 erinnert und wesentlich jünger sein muß als das Tor. Sie wurde wahrscheinlich an Stelle einer anderen, älteren eingemeißelt.

Die Porta Borsari wurde wahrscheinlich kurz vor der Porta Leoni in der Regierungszeit des Kaisers Claudius errichtet, ein Vergleich mit der 43 n. Chr. in Ravenna errichteten Porta Aurea, die leider zerstört wurde, bestätigt diese Datierung.

Das Tor besteht aus drei Stockwerken und da es bereits im Jahre 1813 gründlich überholt wurde, erhebt es sich heute in seiner vollen Höhe vom Erdboden.

Zur ebenen Erde die beiden Wölbungen (3,55m breit, 4,12m hoch) zwischen skannelierten Halbsäulen mit korinthischem Kapitell, die das Gebälk und das Tympanon tragen, dann ein erster Stock mit einer Reihe von sechs Fenstern, der eine Galerie beherbergen sollte, und schließlich noch ein Stockwerk mit wieder sechs Fenstern, mit dem das Tor seine Gesamthöhe von 13m erreicht.

Das Tor ist im weißen Veroneser Stein erbaut. Bei Straßenarbeiten im Jahre 1860 kamen die Grundmauern des Bauwerkes zum Vorschein und man erkannte, daß die Innenfassade von der heute sichtbaren Konstruktion gute 17,80m entfernt gewesen sein mußte. Ange-

Löwenpforte

sichts solcher Ausmaße kann man eigentlich nur noch von einer Ruine sprechen, was uns erhalten geblieben ist. Es gibt uns eine Vorstellung von der Monumentalität der römischen Stadt Verona.

Porta Leoni. Unter dieser Bezeichnung, die bis ins 15. Jh. zurückgeht, faßt man die Reste von zwei römischen Toren zusammen, einem republikanischen und einem aus der Zeit des Claudius, die sich an ein Eckhaus zwischen Corticella Leoni und der Via Leoni anlehnen. Der Name geht auf eine Grabplatte zurück, an der zwei Löwen Wache halten. Sie befindet sich jetzt hinter dem Denkmal an König Umberto I. Das Tor aus der Epoche der Republik steht etwa einen halben Meter hinter dem

Tor aus der Kaiserzeit und ist nur zum Teil erhalten geblieben. Es trägt aber eine Inschrift die uns über die Geburt Veronas als römische Stadt Aufschluß gibt.

Die Inschrift ist in den Mittelpfeiler gemeißelt und war teilweise schon im 16. Jh. bekannt, ihre ganze Tragweite erkannte man aber erst 1959, als sie vollständing an das Licht kam. Sie berichtet, daß die Quattuorviren Publius Valerius, Quintus Caecilius, Quintus Servilius und Publius Cornelius auf Beschluß decurioni, der Gemeinde, die Arbeiten für die Stadtmauer, die Stadttore, die Kloaken in die Wege leiteten und daß die beiden ersteren die geleisteten Arbeiten überprüften.

Das Tor ist hauptsächlich aus Ziegelstein gebaut, in Tuffgestein sind lediglich die Ecken, das Fries und die Tafel mit der Inschrift. Das Tor hatte ursprünglich zwei Bögen (5,25m hoch und 3,3m breit), zwei Stockwerke mit je sechs Fenstern. Kürzlich kamen bei Straßenarbeiten auch Teile des Außentores zum Vorschein mit den Grundmauern eines sechzehneckigen Turmes, der zur Verteidigungsanlage gehörte. Auch dieser Teil ist in Ziegeln gebaut.

Etwa ein Jahrhundert nach ihrer Erbauung wurden die beiden Toren umgestaltet, und zwar nicht, weil sie erneuerungsbedürftig gewesen wären, sondern weil man der Stadt, die von einer Gemeinde zu einer augusteischen Kolonie aufgestiegen war, würdigere Stadttore geben wollte.

An diesem Tor kann man die Unterschiede der Baukunst zur Zeit der Republik und zur Kaiserzeit ausgezeichnet beobachten: Das erstere, in Ziegel und Tuff, weist eine klare und strenge Linie auf, das letztere, in weißem Veroneser Stein, zeigt eine komplexere und unterschiedliche Linienführung: zwei Bögen (vom denen nur einer erhalten geblieben ist), die zwischen skannelierten Halbsäulen aufgebaut sind, verschiedene Kapitelle tragen den Architrav und den klobig wirkenden Aufbau. Der

Architrav trägt eine Inschrift mit der Nennung eines Namens: Tiberius Flavius Noricus, Sohn des Publius, ein Quattuorvir. Da wahrscheinlich alle vier Quattuorviren genannt waren, wie wir analog zum älteren Tor annehmen dürfen, müssen die anderen Names auf den vier weiteren Seiten des Toren gestanden haben; sie sind uns verlorengegangen.

Der Aufbau wiederholt das Motiv der sechs Fenster des älteren Tores (davon sind uns nur drei erhalten geblieben), darüber allerdings unterscheiden sich die beiden Toren grundlegend: das Tor aus der Kaiserzeit zeigt eine hohe fensterlose Mauer, die aber mit vier

Ponte Pietra. Panoramablick vom San Pietro-Hügel aus

gedrehten Säulen und einer großen Nische in der Mitte sehr bewegt wirkt. Giovanni Caroto sah diese Mauer auch noch belebt mit vielen Statuen. Die unruhige Struktur dieses Toren läßt vermuten, daß es zusammen mit der Porta Borsari ein frühes Beispiel für den sogenannten römischen Barock war.

Ponte Pietra. Die Brücke wurde im April 1945 gesprengt, aber zwischen 1957 und 1959 in geduldiger Kleinarbeit aus dem originalen Baumaterial, das aus dem Flußbett der Etsch heraufgeholt und wieder zusammengesetzt wurde, getreu nachgebaut. Schon in den frü-heren Jahrhunderten hatte die Brücke schwe-re Schäden genommen und war daher öfters restauriert worden. 1945 waren nur noch zwei Bögen römisch (die beiden linken), während die anderen im 16. Jh. erneuert wor-den waren (in Ziegelstein), oder während der Herrschaftszeit der Scaliger (der erste rechts). Die Zacken außen an der Brüstung sollen im Mittelalter eine Wasserleitung getragen haben. Zur Römerzeit führten der Ponte Pietra und weiter südlich der zerstörte Ponte Postumio zum römischen Theater und zu den Monumentalbauten am Fuß des Hügels von S. Pietro.

Das Römische Theater. Das Römische Theater in seiner heutigen Form ist das Ergebnis umfangreicher Arbeiten vor allem zwischen 1834 und 1914. Zwischen 1834 und 1844 führte hier Andrea Monga, der das ganze Gebiet eigens deswegen kaufte, umfangreiche und sehr kostspielige archäologische Grabungen durch. Er lernte den Baukomplex gründlich kennen, fertigte eine Rekonstruktion an, die im Jahre 1895 von Serafino Ricci gedruckt wurde, der hoffte, die Initiative Mongas wecke das allgemeine Interesse an der Fortführung der Arbeiten. 1904 verkauften die Erben Mongas das Gebiet der Gemeinde und so konnte nun der Aufbau der Reste beginnen. Die Arbeiten wurden von G. Ghirardini geleitet, einem Dozenten für Archäologie an der Universität Padua. Er entschloß sich klugerweise, die kleine Kirche der Heiligen Siro und Libera unangetastet zu lassen, denn die Zerstörung des Kirchleins hätte nichts zur weiteren Kenntnis des Theaters beigetragen, so es gibt aber einen guten Eindruck von der allmählichen Verwandlung der antiken Baustruktur. Das Theater schmiegt sich an den Hügel von San Pietro. Der Orchestergraben hat einem Durchmesser von 29,64 m (100 Fuß). Der Zuschauerraum, in mindestens zwei Teile unterteilt, in die ima und summa cavea, trägt an der Spitze zwei Galerien und erreicht eine Gesamthöhe von 27 m. Die Bauzeit des Theaters geht ungefähr auf das 1. vorchristliche Jahrhundert zurück.

Das Archäologische Museum. Das Gebäude über dem Zuschauerraum des Theaters ist das alte Kloster von S. Girolamo oder der Gesuati, aus dem frühen 15. Jh. Im Jahre 1508 signierte Caroto seine Verkündigung in der kleinen Klosterkirche. Der Orden der Gesuati wurde 1668 aufgehoben und seine Güter verkauft, damit Venedig seinen Krieg um Candia fortsetzen konnte. Daraufhin wurde das Kloster von den Minoriten erworben, die es bis zur Auflösung ihres Ordens im Jahre 1769 innehatten. Es

geriet dann in Privatbesitz und anschließend wurde es in die Grabungszone einbezogen, in der Monga seine Forschungen betrieb. Schließlich erwarb es die Stadt Verona und richtete 1923 darin ein archäologisches Museum ein. Zwischen 1956 und 1959 wurde der Museumkomplex umgebaut, die Arbeiten an der Restaurierung des Gebäudes sind bis heute noch nicht abgeschlossen.

Besondere Aufmerksamkeit verdienen im Saal gleich hinter dem Eingang eine Statue eines Imperators aus der Via S. Clemente, das Porträt des Caius Cäsar, eines Neffen des Augustus, das am Domplatz gefunden wurde, und ein Mosaik mit Gladiatoren aus der Via Diaz. Bemerkenswert auch die Mosaiken aus einem römischen Haus von Negrar (Verona). Unter den Bronzen seien vor allem die Stücke erwähnt, die in der Nähe von Verona aufgefunden worden sind, so ein Priap aus Montorio, ein Lar aus Tregnago, die Ringkämpfer aus Isola della Scala, eine Isis Fortunastatuette aus der Etsch und ein Mann mit der Toga aus dem Dom. Im dritten Zimmer fällt neben den Glasgegenständen aus Grabbeigaben vor allem ein herrlich modellierter Bronzekopf aus der spätagusteischen Zeit auf. Er stammt aus Pestrino, einem Ort am südlichen Stadtrand von Verona. Im Refektorium verdient eine Kopie einer klassischen Aphrodite Beachtung, sowie eine weitere weibliche Statue, wahrscheinlich ein Kultgegenstand. Beiden stammen vom Domplatz. Daneben die schöne Statue des Redners, die in der Gestaltung dem Sophokles im Lateran ähnelt. Sie befand sich früher in einem privaten Sammlung in Venedig. Im Kirchlein von S. Girolamo sehen wir eine hübsche Statuette des guten Hirten, die auf das 4 Jh. zurückgeht (früher im Museum Maffei), sowie zwei hölzerne Modelle der Arena (18. Jh.) und des Gavibogens (19. Jh.).

Die Stadt von S. Pietro aus gesehen.
Im Vordergrund das Römische Theater, daneben Ponte Pietra

PIAZZA DELLE ERBE

*Piazza delle Erbe.
Der Brunnen mit der Statue
der Madonna Verona*

Die Piazza delle Erbe entspricht dem antiken Forum, dessen Pflasterung sich etwa 3,50 m unter der heutigen Oberfläche befindet, wie man bei den Grundsteinarbeiten für die Fahnenstange feststellen konnte. Das Forum war auch wesentlich größer als der heutige Platz, tatsächlich ist die Casa Mazzanti, eines der wenigen erhalten gebliebenen bemalten Häuser von Verona aus dem 14. Jh., ebenso gestellt wie die alten römischen Häuser auf dieser Seite des Forums, während auf der gegenüberliegenden Seite die modernen Bauten wesentlich weiter in den Platz hineingerückt sind. Der einzige römische Überrest auf diesem Platz ist heute eine weibliche Statue, die Cansignorio im Jahre 1368 für den hübschen Brunnen verwendete, der die Mitte des Platzes ziert. Der Brunnen wurde laut Mellini vom Bildhauer Giovanni di Rigino gestaltet. Die Statue, die im Volksmund die Madonna Verona genannt wird, wurde über ein großes Marmorbecken gestellt, das aus den römischen Thermen stammt, und am Kopf und an den Armen restauriert. In den Händen trägt sie eine Urkunde mit der Inschrift: Est iusti latrix urbs et laudis amatrix, dem Spruch des ersten Stadtsiegels. Verona rühmte sich also gerecht zu sein und wollte

gelobt werden, wohl wegen seiner Schönheit. Das Siegel wurde im Jahre 1477 durch die Figur des Hl. Zeno ersetzt, aber der alte Wahlspruch blieb in den Händen der Statue, die Verona und seinen Stolz symbolisiert. Man vermutet, daß diese Statue die nämliche ist, die Valerius Palladius im Jahre 379 m. Chr. vom Kapitol aufs Forum bringen ließ, wie eine der wichtigsten Inschriften des römischen Verona berichtet. Das Kapitol, der Tempel der kapitolinischen Dreifaltigkeit Jupiter, Juno und Minerva befand sich neben einer der Längsseiten des Forums, wie Grabungen im Jahre 1914 ergaben, unter den heutigen Gebäuden der nahen Piazzetta Tirabosco, wo man auch auf den ältesten und bedeutsamsten Ortsnamen von Verona trifft: S. Marco ad carceres. Es ist anzunehmen, daß der Volksglaube in den alten römischen Resten ein Gefängnis sah.

Obwohl hier von 1957 bis 1960 gegraben wurde, sind die Reste der Öffentlichkeit nicht zugänglich. Es handelt sich um drei große miteinander verbundene «Cellae», jede etwa 7,20 x 4 m groß, mit einem Wandelgang auf drei Seiten. Das Gebäude mußte sich früher von der heutigen Via Pelliciai bis zum Corso Porta Borsari erstreckt haben.

Die Scala della Ragione

Piazza delle Erbe mit dem Rathausturm

Rathaus und Rathausturm. Die Piazza delle Erbe hat heute eine typisch mittealterliche Form, die laut Pinali auf einer Eigentümlichkeit des römischen Forum beruhen sollte, nämlich auf den besonderen Formen, die für die Gladiatorenspiele des Forums, nötig waren. Heute ist jedoch nachgewiesen, daß das römische Forum perfekt rechteckig war. Das Forum wurde dann zur Platea Major, also zum Hauptplatz, und diesen Namen führte es bis zum Ende des 16. Jh.s. Der Platz wird von Bauten aus den verschiedensten Epochen umsäumt. Rechts das eigentlich romanische Rathaus dessen Fassade auf den Platz hin nach dem klassizistischen Geschmack des 19. Jh.s verändert wurde. Darüber erhebt sich der Rathausturm, in Verona besser bekannt unter dem Namen Torre dei Lamberti.

Seit 1972 kann der Turm besucht werden, ein Aufzug führt bis zur schönen achteckigen Galerie, einem Werk aus dem 15. Jh. Von hier aus, der Turm ist 80m hoch, genießt man einen herrlichen Rundblick über die Stadt und ihre Umgebung, und wenn es das Wetter gestattet, auch weit darüber hinaus.

Hier kann man auch die mächtige Glocke bewundern, il 'Rengo' mit Namen, die im Jahre 1557 von Alessandro Bonaventurini gegossen worden ist. Er gehörte zu einer berühmten Glockengießerfamilie, deren Tätigkeit im zweiten Viertel des Jahrhunderts mit dem Erzpriester von Pescantina, einem Onkel von Alessandro begann, der dann seinerseits die Tradition zusammen mit dem Bruder G. Battista weiterführte.

Piazza dei Signori. Die Statue Dantes

Piazza dei Signori. Archäologische Funde

Arco Della Costa (Costabogen). In der unteren Glockenstube hängt die Marangona, deren Geläute den Arbeitstag der Handwerker begann und beendete (Marangon=Schreiner).

Es folgt der Arco della Costa. Man vermutet, daß dieser Bogen auf eine ältere Konstruktion zurückgeht, auf jedenfall entnimmt man einer gereimten Beschreibung von Verona aus der Zeit Pipins die Existenz vier Bögen an den Seiten des Forums. Neben dem Bogen der Portikus der Casa Mazzanti, deren von Alberto Cavalli bemalte Fassade uns einen Eindruck vermitteln kann, wie Verona früher ausgesehen haben mag, als die Vielzahl der bemalten Häuser ihr den Übernamen Bemalte Stadt eingetragen haben.

Die Säule von San Marco. Der marmorne Baldachin im Zentrum des Platzes diente früher der feierlichen Ernennung zum Podestà oder zu anderen wichtigen Ämtern. Auf den Stufen und auf den Pfeilern sind die traditionellen Veroneser Maße eingezeichnet. Weiter nödlich steht die Säule von S. Marco, die als Zeichen der Treue zu Venedig errichtet wurde. Sie ist ein Werk des Baumeisters Michele Leoni, der von der Republik mit Festungbauten beauftragt war, im Jahre 1531 zugunsten von Sanmicheli entlassen, aber 1540 wieder aufgenommen wurde.

Die Säule von S. Marco steht vor dem barokken Palazzo Maffei, der von Marcantonio Maffei begonnen und zwischen 1626 und 1630 bis zur Balustrade des ersten Stockwer-

Der Dom. Fassade

kes vollendet wurde. Der Baumeister ist unbekannt, wahrscheinlich war es ein Römer. Ein Neffe des Marcantonio, Rolandino, vollendete den Palast in seiner heutigen Form mit dem statuengeschmückten Abschlußgesimse. Scipione Maffei lobte den Palast wegen seiner 'Bequemlichkeit, die seiner Würde keinen Abbruch tut', und wegen der Wendeltreppe, die 'geräumig und edel und ganz in der Luft hängt' sowie auch des hängenden Gartens wegen. Neben dem Palast

steht der Turm Torre del Gardello, früher delle Ore genannt, der im Jahre 1370 von Cansignorio errichtet wurde. Von hier stammt die gewaltige Glocke mit dem Bild des Hl. Zeno als Fischer und Symbolen des Hauses Scala, die vom Meister Iacopo 'sub magnifico Domino Cansignorio' gegossen wurde. Sie befindet sich heute im Museum von Castelvecchio. Gegenüber liegt das Haus, das Curione zwischen 1558 und 1560 erbauen ließ. Es ging in die Lokalgeschichte ein, denn bei den Grundarbeiten kam die Inschrift ans Licht, die das nahe Kapitol erwähnt. Auf der anderen Längsseite des Platzes befindet sich ein Monument von E. Girelli, das an die Bombenopfer des ersten Weltkrieges erinnert. Es folgt die gotische Domus Mercatorum, im Jahre 1301 erbaut und 1878 gründlich restauriert. Für die Häuser von hier bis zur Ecke mit der Via Mazzini trat der Maler Angelo Dall'Oca Bianca, ein entschiedener Vertreter des historischen Stadtbildes, nachdrücklich ein, als sie dem Bau eines Bankinstitutes zum Opfer fassen sollten.

Der Dom. Wenn das Äußere des Domes noch einen romanischen Charakter bewahrt, so herrscht in seinem Inneren die Gotik vor. In der zweiten Kapelle rechts sei eine Anbetung der Hl. drei Könige erwähnt, ein Werk Liberales. Hier hängt auch ein großes Holzkreuz, eine venezianische Arbeit aus dem frühen 15. Jh, das früher in S. Elena war.

Es folgt die Kapelle des Sakramentes, wo sich früher ein großes Fresko mit einer Kreuzigung von Jacopo Bellini aus dem Jahre 1436 befand, das leider zerstört wurde. Das Presbyterium ist von einem ionischen Chor eingerahmt, wahrscheinlich einem Werk des Sanmicheli. Die Fresken des Apsis stammen von Francesco Torbido, nach einer Zeichnung von Giulio Romano. Am Ende des Schiffes kommen wir zur Kapelle Nichesola mit einer herrlichen Himmelfahrt von Tizian, wahrscheinlich aus den Jahren 1535-40.

Der Dom. Innenraum   *(S. 52/53) Kirche Santa Anastasia, Sakristei. Pisanello,Der Hl. Georg und die Prinzessin*

Im Fresko von Sant'Anastasia erscheint Pisanello als der letzte und leicht melancholische
Interpret der mittelalterlichen Mythen. Der Ritter, der alle möglichen Abenteuer besteht, um
Leben und Ehre seiner Dame zu verteidigen, ist
der Hauptdarsteller einer Geschichte, die alle
möglichen Leuten beschreibt, freundliche Tiere
und wahre Monstren, schreckliche Landschaf-
ten und bezaubernde und verzauberte Bauten,
bis der Beobachter sich in dieser Fülle von
Details völlig verliert.
Die marmorne gotische Stadt im Hintergrund
leuchtet wie eine Verheißung durch all diesen
Schrecken.

Kirche von Sant'A-nastasia. Der Innenraum wird durch hohe rote Marmorsäulen in drei Schiffe unterteilt, die durch Spitzbögen miteinander verbunden sind. Über den Säulen fällt durch runde Fenster das Licht ein. Neben den ersten beiden Säulen stehen zwei Bucklige, die das Becken mit dem Weihwasser tragen. Im rechten Seitenschiff finden wir sofort ein Werk der späten Klassik, den Altar Fregoso vom Bildhauer Danese Cattaneo aus dem Jahre 1565. Der Altar wird von einem auferstandenen Christus beherrscht. Daneben verdient der Altar Pindemonte Beachtung, der dem Hl. Martin in seiner traditionellen Darstellung als Reiter geweiht ist. Er ist ein Spätwerk des Meisters G.F. Caroto. Die Einrahmung des Altars, 1535 vom Bildhauer Francesco geschaffen, ahmt die Bauweise des Gavibogens (Arco dei Gavi) nach. Der rechte Querschiffarm beherbergt den Altar Centrego (1488-1502) mit einem herrlichen Altarbild von Girolamo Dai Libri, die thronende Jungfrau zwischen dem Hl. Thomas und dem Hl. Augustinus. In der ersten Kapelle des Querschiffes befindet sich ein Fresko von Altichiero, einige Mitglieder der Familia Cavalli werden der Jungfrau vorgeführt, das auf das Jahr 1380 ca zurückgeht. In der Hauptkapelle befindet sich das große Grabmal von Cortesia Serego (1432). Sogleich nach dem Querschiff sehen wir dann die Kapelle del Rosario (des Rosenkranzes). Bemerkenswert der Altar Miniscalchi. Das Altarbild, die Herabkunft des Hl. Geistes auf die Apostel, wurde 1518 von Nicola Giolfino geschaffen. Der gleiche Maler schuf auch das Altarbild des folgenden Altars Faella, mit einer Verherrlichung des Erlösers und den beiden Heiligen Erasmus und Georg. Die Via Sottoriva führt an einer Seite von Sant'Anastasia vorbei und bietet einen Anblick des mittelalterlichen Verona, mit Lauben und Häusern, die einst am Etschufer lagen.

zu sein, das in eine Kirche umgewandelt wurde. Die ursprüngliche Baulichkeit scheint bis in die Zeit des Kaisers Konstantin zurückzugehen.

Kirche von San Giovanni in Fonte. Hinter dem Dom steht die kleine Kirche von S. Giovanni in Fonte (XII. Jh), deren wunderschöne und vollkommen unberührt gebliebene Apsiden vom Hof des Bischofsitzes aus bewundert werden können. Im Inneren von S. Giovanni in Fonte befindet sich einer der größten Schätze der veronesischen Plastik der Romanik: das achteckige Taufbecken aus rotem Marmor aus der Gegend von S. Ambrogio mit Szenen aus dem Leben Jesu rundherum.

Der Bucklige von Santa Anastasia
Panoramablick auf Santa Anastasia-Komplex
Kirche Santa Anastasia. Außenansicht
Kirche San Giovanni in Fonte. Taufbecken

Kirche von Santa Maria Matricolare. Diese Reste, die erst vor kurzen ans Licht kamen, glaubte man lange Zeit der Kirche S. Maria Matricolare zugehörig, einer Kirche, die 774 vom Bischof Lotherius gebaut worden war. Andere wieder hielten sie für den Dom von Ratherius, dem Bischof zwischen 932 und 968. Arslan hingegen stellte die Identität mit dem romanischen Dom fest, es scheint die alte Krypta zu sein. Neuere Arbeiten vergleichen diese Reste mit den Resten im Inneren von S. Elena, den beiden ältesten christlichen Basiliken von Verona. Arslan erkannte in der ersteren die Kirche von S. Maria Matricolare von Lotherius (8. Jh). Die kleinere Basilika scheint ein älteres Gebäude

Die Kirche San Giorgio. Der Baumeister der Kirche ist unbekannt. Dem Sanmicheli werden nur die Kuppel und der (unvollendete) Glockenturm zugeschrieben. Fest steht, daß der Bau zwischen 1536 und 1543 fertiggestellt wurde. Die Fassade wurde in zwei Etappen gebaut, der obere Teil geht auf das 17. Jh. zurück. Das Innere erscheint aulenförmig, mit einem großzügigen Querschiff. Auf jeder Seite öffnen sich vier Kapellen. Über dem Eingangstor ein großes Gemälde von Tintoretto: die Taufe Christi. Alle Altäre der Kapellen weisen Altarbilder von hohem künstlerischen Wert auf. So eine Hl. Ursula mit ihrem Gefolge von G.F. Caroto aus dem Jahre 1545. Weiter die beiden Heiligen Rochus und Sebastian, immer von Caroto. Von Girolamo Dai Libri stammt die Madonna mit dem Gürtel und den Heiligen Zeno und Lorenzo aus dem Jahre 1526. Rechts weisen wir vor allen auf das Pfingstfest von Domenico Tintoretto auf dem dritten Altar hin und auf eine Glorreiche Muttergottes mit Engeln von Felice Brusasorzi, auf dem vierten Altar. Im Querschiff befinden sich zwei ionische Kapellen, die den Chor und die Orgel tragen. Das Presbyterium wird von einer Balustrade mit sechs Bronzestatuen abgeschlossen, die in Venedig in Jahre 1625 gegossen wurden. Rechts ein großes Gemälde von Paolo Farinati, die Brotvermehrung (1603), dem gegenüber das Mannawunder in der Wüste von Felice Brusasorzi, das nach dem Tode des Meisters von seinen Schülern vollendet wurde. In der Apsis schließlich der kostbarste Schatz dieser an Kunstwerken so reichen Kirche, das Martyriums des Hl. Georg, ein Werk Paolo Veroneses von 1565-66.

Kirche San Giorgio

Kirche San Giovanni in Valle. Fassade

Die Kirche Santo Stefano. Die Kirche wird bereits zur Zeit Theoderichs erwähnt. Sie wurde auf dem linken Etschufer neben dem römischen Theater errichtet, und zwar auf einem Gebiet, in dem ursprünglich ein Heiligtum der alexandrinischen Gottheiten Isis und Sorapis gestanden sein muß. Die Kirche wird von einfachen viereckigen Pfeilern in drei Schiffe eingeteilt. Rechts die barocke Kapelle degli Innocenti mit drei wertvollen Bildern aus dem frühen 17. Jh.: Die fünf Bischöfe von Marcantonio Bassetti, Der Kindermord von Pasquale Ottino und die Vierzig Märtyrer von Alessandro Turchi.

Die Kirche San Giovanni in Valle. Das kleine Tal östlich des Hügels erhielt seinen Namen von einer uralten Kirche, S. Giovanni in Valle, die bereits im 8. Jh. erwähnt wird. Die heutige Form der Kirche stammt aus dem 12. Jh. und zeigt den typischen Grundriß der Veroneser Romanik. In der Krypta befinden sich zwei Sarkophage aus der frühchristlichen Zeit, was vermuten läßt, daß sich hier ein frühchristlicher Friedhof befunden haben muß, ähnlich wie in S. Stefano oder S. Elena.

Die Kirche Santa Maria in Organo. Im Jahre 1481 begannen die Mönche mit einer Restaurierung der alten Kirche von S. Maria in Organo. 1535 wurde der Glockenturm nach einem Entwurf von Fra' Giovanni da Verona fertiggestellt. Das Innere weist drei Schiffe mit einer Reihe von Kapellen an den Seiten auf. Über dem Hauptschiff Fresken von N. Giolfino und G. F. Caroto mit Szenen aus dem Alten Testament. Auf dem Altar der dritten Kapelle rechts ein Altarbild von Francesco Morone aus dem Jahre 1503, die thronende Madonna zwischen den Heiligen Martinus und Augustinus. Der Vater von Francesco, Domenico Morone, malte zwischen 1497 und 1499 die Kuppel mit zwölf musizierenden Engeln aus. Von ihm stammen auch die Büsten der vier Evangelisten mit

Kirche San Lorenzo. Fassade

ihren Symbolen an der Decke des Querschiffs, sowie die vier Kirchenväter. Im Presbyterium große Gemälde von Paolo Farinati, aber hier verdienen vor allem die Schnitzarbeiten des Fra' Giovanni da Verona Beachtung: sie zieren die Rückenlehnen des Chorgestühls und gehen auf das Jahr 1499 ca zurück. Ab 1519 arbeitete Fra' Giovanni wieder in S. Maria in Organo, und zwar schnitzte er die Schränke in der Sakristei.

Kirche San Fermo. Fassade

Kirche San Fermo. Turone, Kreuzigung mit Reitern

Kirche von San Fermo. S. Fermo Maggiore bietet mit zwei übereinandergebaute Kirchen einen hochinteressanten und überaus seltsamen Anblick. Die untere Kirche bewahrt noch den romanischen Charakter, während die obere Kirche im Jahre 1261 von den Franziskanern den früher ansässigen Benediktinern abgekauft und vollständig umgestaltet wurde. Die Franziskaner begannen ihre Umbauarbeiten im frühen 14. Jh. und führten sie bis Ende des Jahrhunderts weiter. Die vorherrschende Linie ist daher gotisch. In den folgenden Jahrhunderten wurden weitere Veränderungen vorgenommen, bis eine gründliche Renovierung zu Beginn unseres Jahrhunderts der Kirche ihre heutige Gestalt gab. Zwei Zugänge führen zum aulenförmigen Innenraum mit einer schönen hölzernen Kieldecke, einem Haupt-und ein Seitenportal, beide mit einem großzügigen Aufgang versehen. Über dem Seitentor wölbt sich ein schöner Protyron aus dem späten 14 Jh.

Das Innere von S. Fermo ist reichlich mit Fresken ausgemalt, die einen guten Überblick über die veronesische Malerei von Turone bis zu Pisanello, 1360-1430 ca, gestatten. Dem erstern wird ein Kreuzigung mit Rittern zugeschrieben, von Pisanello stammt der Bilderschmuck, eventuell auch der Entwurf, des Grabmales von Brenzoni. Die Gestaltung erinnert an das Grabmal von Serego in S. Anastasia. Die Skulpturen, eine Darstellung des Auferstandenen mit Engeln an der Seite und den schlafenden Soldaten am Grabe, stammt von Nanni di Bartolo, genannt Rosso Fiorentino, einem Zeitgenossen von Donatello. Das 1958 abgelöste und eingerahmte Fresko Engelchor ist ein Werk von Stefano da Verona (siehe die Madonna im Rosenhag im Museum von Castelvecchio). Im Zentrum des Engelchores sollte sich ein auferstandener Christus befinden, der dann nicht mehr ausgeführt, sondern durch eine Statue ersetzt wurde. Rechts befindet sich die Kapelle Brenzoni mit dem Sarkophag von Barnaba Brenzoni, der 1411 vom Bildhauer Antonio da Mestre bearbeitet wurde. Dahinter das Grab von Torello Saraina, dem Autor des ersten Buches über die Kunstschätze

Veronas. Es besteht aus einer Urne aus roten Marmor, die von zwei sitzenden Stieren getragen wird, einer klaren Anspielung auf den Namen des Toten. Der folgende Altar ist der Dreifaltigkeit geweiht, er wurde 1523 noch vor dem Veronaaufenthalt von Sanmicheli errichtet und zeigt frühklassische Einflüsse. Das Altarbild stammt von Francesco Torbido. Im rechten Querarm des Querschiffes treffen wir auf die Kapelle Alighieri, der Begräbnisstatte der letzten Nachkommen des großen Florentiners. Das Presbyterium ist von einem ionischen Chor abgeschlossen, einer Nachahmung des Gestühles im Dom, einem Werk aus dem Jahre 1573. Im linken Seiternarm des Querschiffs befinden sich Fresken aus dem 14. Jh. mit Szenen aus dem Leben des Hl. Franzi-

skus. Von hier aus kann man in den kleinen Raum mit dem Grabmal der Torriani gelangen. Es wurde von den Brüdern Giambattista und Giulio Dalla Torre für den Vater Giulio (+1506) und den Bruder Marcantonio (+1512) in Auftrag gegeben, und vom Padovaner Andrea Briosco erbaut. Die untere Kirche von S. Fermo, die über eine kleine Tür seitlich des großen Seitenportals erreichbar ist, wird heute als Winterkirche benutzt. Der Grundriß ähnnelt dem von S. Lorenzo mit drei Schiffen und jeweils einer Apsis, einem Querschiff mit einer Apsis an jedem Seiternarm, die in die gleiche Richtung wie die Hauptapsiden blicken. Die Hauptapsis wurde mit zwei Säulen und zwei ionischen Kapitellen römischer Herkunft gestaltet.

Untere San Fermo-Kirche. Turone, Die Taufe Christi (Fresko)

Kirche San Fermo. Innnenraum

Kirche von S. Bernardino. Im Inneren beherbergt die Kirche wertvolle Zeugnisse der veronesischen Malerei des frühen 16. Jh.s. Die Hauptkapelle, gleich rechts, wird auch Kappelle des Hl. Franziskus oder der Laienbrüder genannt. Sie wurde im Jahr 1522 von Nicolò Giolfino mit Fresken ausgemalt, die Szenen aus dem Leben des Heiligen von Assisi, in denen der Einfluß Lottos spürbar ist, und aus jenem des Evangelisten Johannes darstellen. Die vierte Kapelle, die des Hl. Antonius oder der Medici, enthält noch spärliche Reste einer Freskobemalung, die Domenico Morone im Jahre 1511 schuf. Dieser Meister malte zusammen mit seinem Sohn Francesco auch die Bibliothek des Klosters aus. Nach diesen zum Glück guterhaltenen Fresken heißt der Saal heute 'Sala Morone'. Die fünfte Kapelle, genannt die Kapelle des Kreuzes oder der Avanzi, ist vollkommen von Bildern ausgekleidet. Die Rückwand wird beherrscht von einer Kreuzigung, einem Werk von Francesco Morone aus dem Jahre 1548. Um dieses Bild herum gruppiert sich das Polyptychon der Passion, gemalt von Paolo Morando il Cavazzola, einem Schüler von Francesco Morone.

Palazzo Canossa. Der Palazzo Canossa ist das schönste Beispiel von Wohnbauten des Baumeisters Sanmicheli in Verona. Nebenbei wird er heute noch von der Familie bewohnt, die ihn errichten ließ. Die Canossa ließen sich im Jahre 1535 in Verona nieder, als ihr Palast erst im Mitteltrakt fertiggestellt war. Die beiden Flügel gegen die Etsch hin mit dem Hof dazwischen wurden erst in der zweiten Hälfte des 17. Jh.s errichtet, wahrscheinlich nach Plänen noch von Sanmicheli. Die äußere Balustrade mit den Statuen wurde in der zweiten Hälfte des 18. Jh.s erbaut, um die Erhöhung des Daches zu verdecken. Die Marmorstatuen sind Werke von Giuseppe Antonio Schiavi. Der Hauptsaal wies früher ein Deckengemälde von Tiepolo aus dem Jahre 1781 auf, es wurde im letzten Weltkrieg

Corso Cavour, Palazzo Canossa

Kirche San Bernardino

vom gleichen Bombardement zerstört, das auch dem nahen Castelvecchio zum Verhängnis wurde. Der Palast beherbergte früher wichtige Kunstsammlungen, so jene des Grafen Girolamo aus der zweiten Hälfte des 16. Jhs. Die kostbare Sammlung wurde im Jahre 1604 an den Herzog Vincenzo Gonzaga von Mantua verkauft. Eine kleinere Sammlung wurde dann im 18. Jh. wieder angelegt .

S. Lorenzo und Porta Palio. Die Fassade beherrschen zwei mächtige runde Türme aus Tuff-und Ziegelsteinen, die den Zugang zu den Frauengalerien bilden. Das Innere wird ebenfalls von den Frauengalerien bestimmt die sich an den Seitenschiffen entlangziehen und über dem Narthex miteinander verbunden sind. Der Grundriß, ein Kreuz, weist drei Absiden am Ende jedes Schiffes auf sowie eine weitere am Ende jedes Querschiffes, die aber in die gleiche Richtung blicken wie die Hauptabsiden. Gegen Mitte des 16. Jh.s verwirklichte Sanmicheli die monumentale Porta Palio und vollendete damit das klassische Bild zwischen S. Anastasia, der Porta Borsari, dem Gavibogen (Arco dei Gavi) und Palazzo Bevilacqua.

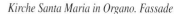

Kirche Santa Maria in Organo. Fassade

Palazzo Bevilacqua. Der Palazzo Bevilacqua entstand fast gleichzeitig mit dem Palazzo Canossa, immer von Sanmicheli entworfen, aber zeigt doch eine gänzlich andere Bauweise. Die 'römische' Bauart sah Sanmicheli sich sicher bei der nahen Porta dei Borsari ab, so ahmte er das Säulenmotiv nach, die kleineren Türen im zweiten Stockwerk mit runden dreieckigen Tympana, die der Fensterreihe des Römertores entsprechen. Der Palast wurde von den Brüdern Antonio und Gregorio Bevilacqua in Auftrag gegeben und blieb gegen die Piazza S. Apostoli hin unvollendet. Der Sohn Gregorios, Mario Bevilacqua (1536-1593), legte sich eine wertvolle Sammlung von archäologischen Stücken und Kunstgegenständen an, die bis zu Beginn des 19. Jh.s unverändert erhalten blieb.

Palazzo Giusti mit dem gleichnamigen Garten. Der Palazzo Giusti del Gardino erhielt seine heutige Form im späten 16. Jh, als der Graf Agostino Giusti im Jahre 1591 den Meister Orazio Farinati berief, der die Fassade mit allegorischen Fresken bemalte: Glaube, Hoffnung, Gerechtigkeit und Caritas. Der Palast ist, laut Poma, für einen 'literarischen Zirkel' gebaut worden. In der Tat gründete der Graf, ein Mitglied der Philharmonischen Akademie, im Palast einen literarischen Salon. Nebenbei sammelte er Kunstgegenstände und Antiquitäten und wetteiferte dabei mit seinem Schwiegersohn Mario Bevilacqua. Leider ging seine Sammlung schon 1641 verloren. Gerettet wurden lediglich die antiken Inschriften im Garten. 1648 zählten dort Lisca und Cozza gut 28 lateinische Epigraphien, die zum Großteil bis erhalten geblieben sind. Im Garten befanden sich auch einige Brunnen, ein Fischbecken, ein Labyrinth und ein statuengeschmückter Zedernhain. Irgendwo mußte sich auch ein Vogelkäfig befinden, ein 'Ort, wo man verschiedene Arten von Gefiederten antraf'. Trotz der Schäden und Veränderungen, die der Garten im Laufe der Jahrhunderte erlitt, bewahrt er noch heute einen Hauch jenes Zaubers, der dem literarischen Zirkel des Grafen Giusti eine arkadische Landschaft vor-

Giusti Garten

gaukelte. Heute dient der Garten manchmal als Kulisse für die Sommerfestspiele von Verona.

Palazzo Pompei. Das Naturwissenschaftliche Museum. Der Palazzo Pompei auf dem linken Etschufer, neben dem Ponte Navi, wird seit Vasari dem Sanmicheli zugeschrieben. Er wurde von Olimpia Lavezzola dem Alessandro Pompei mit in die Ehe gebracht. 1852 wurde er der Stadtgemeinde als Treuhänderin übergeben, die darin das städtische Museum einrichtete. 1926 wurden die archäologischen und Kunstsammlungen auf andere Sitze verteilt und Palazzo Pompei verwandelte sich in ein naturwissenschaftliches Museum. Die heutige Form

Palazzo Bevilacqua

Palazzo Pompei, Das Naturwissenschaftliches Museum

Lapidario Maffeiano Museum . Archäologische Funde

Lapidario Maffeiano Museum

Lapidario Maffeiano Museum. Archäologische Funde

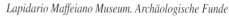

erhielt es bei einer Umstrukturierung im Jahre 1965. Die neunzehn Ausstellungssäle verteilen sich auf zwei Stockwerke. Bemerkenswert rechts vom Eingang die beiden Säle mit Gegenständen der Vorzeit sowie die Eingangshalle, die für verschiedene Gastausstellungen vorgesehen ist. Die Fossiliensammlung. Die Funde stammen von Bolca (Vestenanuova, Verona) und von Avesa, wenige km südlich von Verona. Man sieht Versteinerungen von Fischen, Pflanzen, Palmen, Reptilien und Schildkröten. Weiter sind im Museum ausgestellt: Mineralien, Steinproben, wirbellose Tiere, Insekten, heimische und exotische Vögel bis hin zu Amphibien und Reptilien.

VERONA

INHALTSVERZEICHNIS

STORTI EDIZIONI

Storti Edizioni srl
Sitz: Via Tasso, 21 Mestre - VENEDIG
Lager und Büros:
Via Brianza, 7
30030 Oriago di Mira -VENEDIG
Tel. 041/5659057 - 5659058
Fax 041/5631157

Text: Lanfranco Franzoni
Graphik: Storti Edizioni srl
Photos: Cameraphoto,
Archivien: Storti
Ditta Ivo Ancora

Druck: April 1998

Gedruckt für:
Ditta Ivo Ancora
Vicoletto Valle, 2/a - 37100 - Verona
Tel. 045/594069

Wallfahrtkirche N.S. von Lourdes: San Leonardo-Hügel, Verona.